TATSACHEN

Nr. 09

*»Der edle König saß im fremden Land als Gefangener,
büßend für die Sünden,
die wesentlich nicht er,
sondern die begangen hatten,
die ihn gefangenhielten.«*

Wilhelm von Kügelgen

Dagmar Schäfer

Der gefangene Sachsenkönig

*Eine Erinnerung
an Sachsens ersten König
Friedrich August I.
(1750 - 1827)*

TAUCHAER VERLAG

Schäfer, Dagmar:
Der gefangene Sachsenkönig – Eine Erinnerung an
Sachsens ersten König Friedrich August I. (1750–1827) /
Dagmar Schäfer
1. Aufl. – [Taucha]: Tauchaer Verlag 1996
ISBN 3-910074-52-9

© *1996 by Tauchaer Verlag*
Gestaltung: Hans-Jörg Sittauer
Satz und Reproduktion:
Medienservice Leipzig
Druck und Verarbeitung:
Westermann Druck Zwickau
Printed in Germany
ISBN 3-910074-52-9

Inhalt

Vorwort 6

Kurfürstliche Familienbande 11

Neue Schlingen aller Art 20

König oder nicht König – das ist die Frage 28

Kleiner Freund des großen Napoleon 32

Ordensvögel und Großkreuze 38

Wagenlenker mit wohlgezäumten Pferden 43

Stiefel oder Seidenstrümpfe? 48

Des Königs neue Kleider 56

Gefangen und abgeführt 62

Weiß-grüner Jubelempfang 69

Noch ein bißchen Botanik 73

Quellenverzeichnis 78

Bildnachweis 80

Vorwort

FRIEDRICH AUGUST, erster König Sachsens – nach Macht und Erfolg ruft der Titel, nach Größe und Glanz, Ruhm und Reichtum.

Macht und Erfolg?

Mitleid fast möchte man haben mit diesem Friedrich August, erstem König Sachsens.

Den gutgesinnten Vater früh verloren, den Oheim zum Vormund, die machtbewußte Mutter als Rivalin, intrigante Berater zur Seite, ihr eigenes Spiel spielend: das ewige Spiel um Macht und Reichtum. Ein Kind noch, ist er schon Hauptfigur in diesem Spiel auf Leben und Tod, bleibt es sein Leben lang. Gefangener des sächsischen Hofes ist Friedrich August, noch ehe er später Gefangener Preußens wird.

Und welch ein disziplinierter Gefangener er ist.

Was ihm auch widerfährt in seinem langen Leben, nie wird er die festgesetzte Stunde eines Tages versäumen, nie eine Beichte auslassen, nie in Stiefeln zur Messe erscheinen, nie über die Stränge schlagen, nie ein Hufeisen verbiegen.

Denn es ist wider die Etikette.

Intelligent ist er, fleißig, fromm, einsam, mißtrauisch, immer auf der Hut. Klug genug ist er, seine Umgebung zu erkennen, zu schwach, zu friedlich, sie zu beherrschen. Wenig geerbt hat er von der ungebärdigen Kraft, dem starken Willen seines Vorfahren.

Wo die Zeit nach der Tat ruft, setzt er die Pflicht.

Und wie zu Hause im schönen Sachsen geht es ihm draußen, im von Stürmen geschüttelten Europa.

Nur das Gesetz des Stärkeren gilt hier. Vorsichtig seine Schritte setzend, sucht Friedrich August sich anzuschließen.

Er schließt sich immer gern an.

Und ist stets bei den Verlierern.

Die ererbte Macht zwischen den Fingern zerronnen, Chancen und Erfolge ins Gegenteil geschlagen, wird aus dem Herrscher ein Beherrschter.

Größe und Glanz?

Sehr ernst, sehr steif, sehr um Haltung bemüht zeigt sich dieser König, peinlich genau die Form achtend, streng nach der Uhr lebend, nie vom Festgefügten abweichend.

Da steht er in seinem weißen Rock mit den roten Aufschlägen, goldenen Knöpfen und Epauletten, mit weißer Halsbinde, erbsengelber Weste, Kniehose, weißen Strümpfen, schwarzen Schuhen, goldbeschnallt. Über der Brust das grüne Ordensband, auf der linken Brust den Orden der Rautenkrone, darunter den polnischen weißen Adlerorden, den Zweispitz in der Hand, den Mund fest geschlossen, kein Lächeln. Einige Würde, aber wenig Größe will sich da zeigen, und Glanz – nein, Glanz auch nicht.

Ruhm und Reichtum? Wer kennt ihn schon, diesen Friedrich August, Sachsens ersten König?

Fast vergessen ist er, der rechtschaffene, bedächtige, sparsame, jede Störung des gewöhnlichen Ganges hassende Mann, ein kleiner König in großer Zeit,

König Friedrich August I., 1809.

ein kleiner Freund des großen Napoleon. Von diesem zum König erhoben und zum Herzog von Warschau ernannt, versucht Friedrich August, Sachsen ein Stück Restglanz zu wahren, an die sächsisch-polnischen Traditionen seiner Vorväter anzuknüpfen.

Preußen verzeiht ihm das nie.

Macht ihn zum Gefangenen, raubt ihm die Hälfte seines Landes, beschimpft ihn als Verräter, tilgt seinen Namen aus den Geschichtsbüchern.

Mit dem Ruhm wurde es nichts, und mit dem Reichtum – nein, mit dem Reichtum auch nicht.

Als Friedrich August zu regieren anfängt, erhebt sich Sachsen von den preußischen Zerstörungen und Erpressungen des Siebenjährigen Krieges. Als er abtritt, ist Sachsen ein geteiltes Land, mühsam seine Wunden aus den napoleonischen Kriegen heilend, unter der Starrheit seiner Regierung leidend.

Friedrich August, Kurfürst, Anwärter auf den polnischen Thron, König, Herzog von Warschau, genannt »der Gerechte«, Gefangener seiner selbst, seines Hofes, seiner Zeit und Preußens – wer ist er wirklich?

Entdecken wir den ersten, glücklosen, viel umstrittenen König aus dem Hause Wettin mit den Augen eines Mannes, der jahrelang an Friedrich Augusts Seite ist, ihm wertvoll, ja fast unentbehrlich wird: Ferdinand von Funck, des Königs Generaladjutant, bekannt mit den meisten Großen seiner Zeit, geschätzt von Napoleon. Gebildet, gewandt, ehrgeizig, mit sicherem Blick und scharfem Verstand erlebt er Friedrich August aus nächster Nähe, nimmt teil an Hofleben und Hofleiden, sieht mehr und tiefer als manch anderer.

Und hat viel zu erzählen.

Hören wir seine wahren Geschichten um Sachsens ersten König.

IST DIE ERINNERUNG ein Vergrößerungsglas? Wächst nicht hinterrücks alles Vergangene unaufhörlich?

Vielleicht wirst du einfach nur alt, Ferdinand. Möchtest kaum noch reisen, schon gar nicht mehr auf ein Pferd steigen, du, der du einst ein so schnittiger Reiter warst, Funck, der Husarenoffizier, wild, verwegen. Lieber sitzt du in deiner behaglichen Wohnung, hier im ruhigen Wurzen, bei deiner Schwester, der Frau des Stiftskanzlers. Manchmal besucht dich Luise, die Tochter, auf Schloß Frohburg vermählt und einzig dir Gebliebene. Längst unter der Erde sind die drei Söhne, die Frau.

Der König ist tot. Vor wenigen Tagen ist er begraben.

Du hast deine historischen Studien fortgeführt. Unterbrachst sie damals in Göttingen, als Student noch, das Reiterleben lockte, der Strom einer bewegten Zeit riß dich fort. Nun hast du dich aufs neue mit Tankred, den letzten Königen von Jerusalem, mit Konrad von Monteferrat beschäftigt, mit Richard dem Löwenherzigen und Kaiser Friedrich II. Die Universität Marburg gar wünscht dich zum Doktor der Philosophie zu promovieren. Welch späte Ehre.

Doch die eigene Vergangenheit wächst und wächst, lockt und ruft.

Ist die Erinnerung ein Vergrößerungsglas?

Bilder tauchen auf, Gespräche, Szenen, Gesichter. Alles fern, doch zum Greifen nah.

Der König ist tot. Du warst so lang an seiner Seite.

Wo sind sie geblieben, die grauen Foliobogen, die alten Notizen, über Jahre flüchtig aufs Papier geworfen?

Such sie hervor, Ferdinand.

Erinnere dich, solange Zeit ist.

Kurfürstliche Familienbande

21. März 1780
Bin heute als Sousleutnant in das sächsische Regiment Garde du Corps eingetreten. Wird mir der Gamaschendienst behagen? Gleichwohl – ich bin voller Pläne, Tatendrang und Zuversicht.

Es war meine Verbindung mit Sachsen, dieser 21. März anno 1780, für mich, den gebürtigen Braunschweiger, Sohn des Hof- und Kommissionsrates Karl August von Funcke und der Anna Maria Ernestine geborene von Ewersmann. Sachsens Regenten aber, Kurfürst Friedrich August, kam ich zu dieser Zeit noch nicht nahe.

Ich ahnte auch für die Zukunft zunächst nichts.

Ein Knabe war ich, als Friedrich August zwölf Jahre zuvor, kaum 18jährig, den Thron bestieg. Kindheit und Jugend waren für ihn, wie ich später erfuhr, wie mir Marcolini, des Königs Vertrauter und späterer Minister, sowie die Königin erzählten, alles andere als leicht.

Deutlicher gesagt: sie waren eine Qual.

Schon als Kind war Friedrich August das, was man einen sehr fähigen Kopf nennt. Später, als ich näher mit ihm umging, hatte ich täglich Gelegenheit, über seinen Scharfsinn zu staunen. Spielend durchschaute er jeden ihm neuen Gegenstand, ein sicheres Urteil bildete er sich über jeden noch so verwickelten Fakt. Dazu kam sein glückliches Gedächtnis, das Sachen wie Namen schnell erfaßte und sicher aufbewahrte. Und ein reger Trieb, sich zu unterrichten.

Gutmütig, hartnäckig, willensstark – mit diesen Eigenschaften kam er nach seines Vaters Friedrich Christian frühem Tod in die Hände der Erzieher. Dies waren Graf Bose, Vater des nachherigen Ministers, der Hof- und Justizrat Gutschmid, einige Geistliche, Marcolini, sein Spielgefärte, und einige Lakaien.

Gutschmid und Marcolini hatten auf die Bildung ihres Zöglings wohl den größten Einfluß.

Ein heller Kopf war dieser Gutschmid, der nachher als Minister lange Jahre das volle Vertrauen seines Herrn besaß. Wohl gewiß auch ein redlicher Mann. Die Gunst des jungen Fürsten jedenfalls gewann er, indem er ihm immer und stets nachgab. Allemal ließ er ihn selbst die Entscheidung in jedem strittigen Falle finden.

Nicht ohne sie ihm zuvor mit Geschicklichkeit untergeschoben zu haben.

Marcolini war das Gegenteil Gutschmids.

Schlau war er, gewandt und geistesgegenwärtig. Vor Jahren als Silberpage des Kurprinzen Friedrich Christian aus Italien nach Dresden gekommen, wahrscheinlich unter eigenmächtig beigelegtem Grafentitel, hatte er sich hier die Bildung des Hofmannes und das Geschick im Umgang mit Menschen in hohem Grade angeeignet. Mühelos erwarb er Vertrauen und Freundschaft des Kurprinzen Friedrich August. Von frühester Zeit ging er mit großer Planmäßigkeit darauf aus, ihn ganz und gar zu besitzen, ihn sich völlig zu eigen zu machen, ihn zu beherrschen.

Es gelang ihm völlig.

Er gewann die Liebe des Prinzen, gab dafür sein eigenes Ich willig auf, beschäftigte Friedrich August

Oheim und Vormund des jungen Friedrich August:
Prinz Xaver, Sohn August III.

unaufhörlich, machte ihm den Druck, unter dem ihn sein Oheim Prinz Xaver, der Administrator, und die herrschsüchtige Kurfürstin-Mutter hielten, erträglich.

Erträglich? Ist das der rechte Ausdruck? Was anderes wohl blieb dem jungen Friedrich August, als seine eigene Familie zu ertragen?

Prinz Xaver, seit dem plötzlichen Tod des Kurfürsten Friedrich Christian nun Vormund Friedrich Augusts, als auch die Kurfürstin-Mutter waren sich nichts weniger als einig.

Sobald der junge Kurfürst mündig wäre, wollten sie unter seinem Namen regieren. In völliger Unwissenheit über alles, was ein Regent wissen muß, hielt ihn deshalb Xaver. Nichts teilte er ihm mit über dessen Pflichten und Verantwortlichkeit, stellte sie ihm nur auf abschreckende Weise furchtbar und groß dar. Als Ratgeber und erster Minister hoffte er in dieser Weise fortzuregieren.

Die Mutter ging viel weiter.

Sie legte es darauf an, ihren Sohn an Körper und Geist zu vernachlässigen. Keine so leichte Aufgabe, denn Friedrich August hatte durchaus eine kräftige Konstitution, einen festen Körperbau und, ohne schön zu sein, doch etwas Edles, Bestimmtes und durchaus keine Schwäche Verratendes in seiner Gesichtsbildung.

Unter dem Vorwand mütterlicher Sorgfalt versuchte die Kurfürstin, ihren Sohn durch Verzärtelung physisch zu entkräften. Nicht nur alle Leibesübungen untersagte sie ihm, er konnte auch kaum einmal an die freie Luft kommen, und wenn es geschah, nur im geschlossenen Wagen. Kaum im Zimmer vom Stuhl aufstehen durfte er, und der Umgang mit Kindern seines Alters wurde dem jungen Prinzen gar nicht gestattet, nur ein paar Geistliche und seine Lakaien durften um ihn sein.

Unaufhörlich setzten die Geistlichen sein Gewissen in Angst.

Über jede heitere Minute mußte er sich selbst anklagen und dafür büßen. Die strenge Gewissenhaftigkeit, zu der sie ihn führten, darf hingegen nicht getadelt werden.

Freilich fällt dieser Teil der Erziehung noch in die Lebenszeit des Kurfürsten Friedrich Christian. Doch wieviel Zeit blieb Vater Christian, sich der Erziehung seiner Kinder zu widmen?

Durch Kränklichkeit und die völlige Lähmung der Füße gehemmt, war sein Blick mehr auf die Leiden Sachsens im Siebenjährigen Krieg gerichtet denn auf seine Kinder. Während des Krieges fast immer flüchtig, waren sie bald in München, bald in Prag, wuchsen allein unter Führung der Mutter auf.

25. August 1784
Bin zum Premierleutnant befördert worden. Hoffe auf eine gute Karriere in der Armee. Wenn ich nur meine Zunge besser zügelte: Warum kann ich mir nicht abgewöhnen, meine Meinung frei herauszusagen?

Diese Schwäche, nur allzuoft zu sagen, was ich denke, ohne zu überlegen, ob es mir nicht schaden könnte, hat mir in meinem Leben weiß Gott genug Ärger eingebracht. Sicher schliff es sich ab mit der Zeit, ich wurde vorsichtiger, gewandter im Umgang, aber gefährlich blieb es für mich stets.

Machte ich mir nicht gerade wegen dieser Eigenschaft Marcolini zum Feind? Habe ich ihm nicht in meiner Art der Offenheit harte Rätsel aufgegeben,

Camillo Graf Marcolini.

ob dahinter nicht eine ihm überlegene Raffinesse stecke, die er nicht durchschauen konnte?

Marcolini haßte meinen Mangel an knechtischer Gefälligkeit. Wurden doch am Hofe alle Einwürfe kurzerhand mit einem einzigen Wort niedergeschlagen.

Der Graf will es.

Ohne zunächst eigentlich an den Regierungsgeschäften beteiligt zu sein, dirigierte Marcolini alles und jeden, den Kurfürsten und späteren König eingeschlossen. Jede Kleinigkeit kontrollierte er, zog seinen Gewinn daraus.

In jener Zeit, als ich schon Dienst beim König tat, gehörte es zu den Hofgebräuchen, den diensttuenden Adjutanten jeden Morgen in der Garderobe eine Tasse Schokolade anzubieten. Manche nahmen sie, manche auch nicht, dann tranken sie die Hoflakaien – bis Marcolini davon erfuhr.

Sofort wurde die Tasse Schokolade eingezogen.

Die Schokolade aber, die dadurch eingespart wurde, mußte in sein Haus geliefert werden.

Nun pflegte der König selbst vormittags bei seiner Arbeit gewöhnlich eine Tasse Schokolade, Kaffee oder Tee zu fordern; alles dreies wurde daher für ihn bereitgehalten. Mit der Zeit jedoch gewöhnte sich der König an, immer nur Tee zu fordern.

Sogleich zog Marcolini den Kaffee und die Schokolade ein.

Als der König aber nun eines Tages doch Schokolade verlangte – war keine da. Kaffee – auch nicht.

Er mußte beim Tee bleiben.

Marcolini wurde diese wichtige Begebenheit sogleich gemeldet. Er geriet in Verlegenheit, entschuldigte sich mit den nötigen Ersparnissen, ersuchte Se. Majestät, künftig doch allemal früh zu befehlen, was Sie zwischen 10 und 12 trinken würden.

Der König sagte nichts.

Von dem folgenden Tag an bis zu Marcolinis Tode forderte er jeden Morgen: Kaffee, Tee oder Schokolade. Alles mußte bereitgehalten werden.

Nie aber nahm er etwas anderes als die Tasse Tee.

Weit vorgegriffen habe ich der Zeit. Viele Andekdoten noch könnte ich über Marcolini erzählen. Nur noch die Liebe zum Leben übertraf bei ihm die Liebe zum Gewinn, den er allerdings zu oft durch seine Feigheit schmälerte. Marcolini besaß alles, was die Wünsche eines Privatmannes reizen kann: ein mehr als fürstliches Vermögen, die höchsten Ehrenstellen, eine fast unumschränkte Gewalt in einem nicht unbedeutenden Staat und – das durch lange Gewohnheit befestigte Vertrauen seines Herrn.

Denn nur zu Marcolini faßte der junge Friedrich August damals Vertrauen.

Die Kurfürstin, eine Frau von Geist, ließ dies zu, weil sie Marcolini für unbedeutend, ja einfältig hielt.

Marcolini machte sich zunächst um die körperliche Ausbildung seines fürstlichen Freundes verdient. Mehr als einmal erzählte er mir später, der schon 14jährige Friedrich August sei durch den Mangel an Bewegung so geschwächt gewesen, daß man allgemein glaubte, er werde die Lähmung seines Vaters erben. Als man dann doch endlich Spaziergänge erlaubte, führte Marcolini ihn im Garten und den nahen Umgebungen von Pillnitz auf Stufen oder Abhänge, ließ ihn dann dort im Spiel stehen. Friedrich August aber traute sich nicht, allein hinunterzugehen, bat erst um Hilfe, wurde dann, als Marcolini sie ihm nicht gab, zornig, rief weinend, der Freund solle ihm die Hand ergreifen.

Marcolini aber verweigerte dies stets lachend.

So lernte Friedrich August endlich den Gebrauch seiner Füße.

Fortan wurde Friedrich August ein Freund ermüdender Leibesübungen, blieb es sein Leben lang.

Gefangen in den kurfürstlichen Familienbanden, unter den angedeuteten Verhältnissen bildete sich der Charakter Friedrich Augusts.

Tief prägte sich ihm ein Mißtrauen gegen sich selbst ein. Es verband sich mit der strengsten Gewissenhaftigkeit, führte ihn zu einer Beherrschung seiner selbst, der keine Aufopferung fremd ist.

»Ach, um mich bekümmern Sie sich nicht!«

Wie oft, wie ärgerlich sagte er diesen Satz, wenn von einer Bemühung, einer Last, einer Unannehmlichkeit für ihn die Rede war.

»Wenn die Sache gut ist, so kömmt es dabei auf mich nicht an.«

Ob aber die Sache gut sei oder nicht, darüber entschied er sich nur schwer. Er drehte und wendete sie von allen Seiten, beobachtete genau, ob und wie man jeden seiner Einwürfe aus dem Wege räumte.

Hatte er sich dann entschlossen, trug er die Sache in seinem Gebet Gott vor.

Neue Schlingen aller Art

15. März 1787
Es mußte so kommen: Ich habe meinen Abschied genommen. Nichts als bittere Worte kann ich für den Gamaschendienst finden, ich tauge nicht dazu. Meine Vorgesetzten haben es mir deutlich vorgetragen. So verlasse ich nun den Heeresdienst und werde mich in die Studien werfen.

Ich ging nach Göttingen, vertiefte mich in die Historie. Eine »Geschichte Kaiser Friedrichs II.« war die erste Frucht meiner Arbeit.

Friedrich August war damals längst Kurfürst und hatte sich vermählt.

Als der Plan der Kürfüstin-Mutter, den Sohn in Abhängigkeit zu halten, fehlgeschlagen war, legte sie ihm neue Schlingen aller Art. Eine dieser Schlingen war die Heirat. Gern wollte sie ihrem Sohn eine von ihr abhängige Geliebte geben. Die Wahl fiel schließlich auf die junge, lebhafte Prinzessin Amalie von Pfalz-Zweibrücken.

Gleich beim ersten Anblick verliebte sich Friedrich August in sie.

Geliebt hat er sie stets, wenn auch nicht immer gleich geachtet. Neben ihrer Lebhaftigkeit erschien seine kalte Haltung steif. Um so mehr, da er durch sein Äußeres stets auch seine junge Gemahlin an die Behauptung ihrer Würde erinnern wollte.

Die Gemahlin: Kurfürstin Amalia Augusta.

Sie liebte ihn damals nicht. Die Mutter baute auf die Charakterverschiedenheit des jungen Paares. Ihre Schwiegertochter sollte den Kurfürsten beherrschen, zugleich aber durch eine Unbesonnenheit ganz von der Alten abhängig werden.

Dieses alles und das folgende weiß ich von der Königin selbst, aus ihren Briefen an Watzdorf, die ich im Original in den Händen hielt. Marcolini soll mit der Mutter einverstanden gewesen sein und selbst die ersten Versuche auf die Tugend der jungen Fürstin gemacht haben. Mit Nachdruck aber abgewiesen, wurde er von nun an ihr heimlicher Feind und untergrub ihren Kredit bei ihrem Gemahl ganz und gar.

Viel schlauer und erfolgreicher als die alte Kurfürstin stellte es Marcolini an, Friedrich August stets in seiner Gewalt zu behalten: Er beschäftigte ihn unaufhörlich. Er überschüttete ihn so anhaltend mit Tätigkeiten, daß dieser nicht imstande war, sie zu vollenden. Immer mußte Friedrich August einiges davon ihm oder Gutschmid überlassen. Es war nicht das Unwichtigste. Beide wußten es einzurichten.

Und ließen den Kurfürsten nie aus den Augen.

Alles wurde nun zum Dienst in Friedrich Augusts Leben.

Auch die Jagd, ein Teil der unaufhörlichen Beschäftigung, bei der der Kurfürst so gut zu kontrollieren war. Für die Jagd also sollte Friedrich August gewonnen werden. Da er aber, um gut zu schießen, zu kurzsichtig war, so wurde die Parforcejagd gewählt. Auch fand Friedrich August Gefallen daran, durfte er doch nun nicht mehr bloß spazierenreiten, um sich Bewegung zu machen. Aber ein leidenschaftlicher Jäger, wie das ganze Land von ihm glaubte, war er nie. Er selbst hat mir dies mehr als einmal gesagt. Er betrachtete die Jagdübung bloß als einen Teil des ihm völlig nötig gewordenen Regimes. Marcolini ordnete dabei alles an, begleitete ihn anfangs auch stets, bis er einmal in einem Sumpf vom Pferde fiel.

Nicht genug aber, daß die Jagd eine Belustigung für den Kurfürsten war. Als solche hätte sie ausgesetzt werden können. Sie mußte zum Dienst erhoben werden. Es wurden nun acht Monate des Jahres hindurch zwei Tage bestimmt, an denen der Kurfürst auf die Jagd gehen mußte. Nur Krankheit oder eine Kälte von über 9 Grad Réaumur konnten ihn davon befreien.

Marcolini ordnete an, der Kurfürst gehorchte.

Friedrich August mußte jagen, auch wenn er keine Lust dazu hatte. Die ganze Hofordnung wäre sonst gestört worden. Alles war bereit, Jäger und Gehilfen an ihren Posten, die Küche vorausgeschickt.

Jede Stunde des Tages wurde eingeteilt, auf daß der Kurfürst sich nur stets beschäftige. Auf daß er auch wissenschaftlich fortstudierend keinen Augenblick übrigbehielte, in dem es ihm einfallen könnte, einmal nach einer anderen Unterhaltung sich zu sehnen oder gar Menschen kennenzulernen. Oder wohl gar selbständig zu werden, sich zu erdreisten, selbst regieren zu wollen.

Friedrich August fügte sich.

Die strengen Regeln sagten seinem Ordnungssinn durchaus zu. Natürlich drückten sie ihn auch, ich weiß es von ihm selbst. Aber er sagte es nur ganz leise und tat nichts dagegen.

Alles war nun Dienst: der Gottesdienst, die Tafel, das Schauspiel, der Tanz, das Spazierengehen oder – reiten, das Ball- und Schachspiel, die Musik. Alles hatte seine bestimmten Jahreszeiten, Tage, Stunden, seine stets gleichförmig abgemessene und vorgeschriebene Dauer. Sah Friedrich August gerade Papiere durch und die Stunde des Spazierengehens oder des Spiels schlug, legte er sie augenblicklich beiseite. Niemals gelang es ihm auf diese Weise, sich durch die Menge der Papiere durchzuarbeiten.

Marcolini erledigte dies für ihn.

Friedrich August war ihm dankbar dafür.

Aber ich bin Zeuge gewesen, daß Friedrich August trotz dieser Hindernisse unglaublich viel leistete. Er faßte schnell und arbeitete mit viel Leichtigkeit und Bestimmtheit. Er schlief wenig, wandte die Stunden, hierdurch gewonnen, zum Studieren an. Außer seiner Belustigung, der Botanik, las er fleißig die antiken Klassiker, z. B. den Tacitus, gute neue Historiker, auch Reiseberichte. Er frischte seine mathematischen Kenntnisse auf, las Memoiren und Kriegsgeschichte mit Vorliebe, auch Zeitschriften. Stets wußte er sich auf der Höhe der politischen sowie der schönen Literatur zu erhalten.

Oft sprach er über solche Werke mit mir.

3. Februar 1789
Habe mich in Göttingen gut eingerichtet und treibe meine Studien munter fort. Schreibe für die »Allgemeine Literatur-

zeitung« und die »Horen«. Auch bin ich in freundschaftliche Verbindung mit den Herren Novalis und Körner getreten.

Göttingen behagte mir anfangs durchaus, später änderte sich das, aber das lag wohl mehr an meinem unruhigen Geist, der mich stets umhergetrieben hat. Gerade aber in dieser, meiner Art konnte ich später dem König nützlich werden, der stets an seinen Gewohnheiten festhielt, dem jede Veränderung, jede Reise, jede ungewohnte Anforderung verhaßt war. Wie hätte sich aber auch unter den Verhältnissen am sächsischen Hof sein Charakter anders bilden sollen?

Hauptsiegel des Kurfürsten von 1769.

Die eintönige Lebensweise, das tägliche Einerlei formten Friedrich August, seine Pflichten wurden ihm zu Gewohnheiten, seine Gewohnheiten zu Pflichten. Für etwas, das geschah, gab es keinen anderen Grund mehr als den guten Glauben: Das muß sein. Denn es war ja seit langen Jahren nie anders gewesen. Viele Sachsen teilten diesen Glauben mit ihrem Kurfürsten und befanden sich wohl dabei. Folgte doch auf die Stürme des Siebenjährigen Krieges ein glücklicher Zeitraum allgemeiner Ruhe. In der Tat konnte eine Regierung nichts Besseres tun, als das Volk gewähren zu lassen. Liegt im Charakter der Sachsen doch ein Grund von Moralität, ein gemütlicher Frohsinn, der genügsam mit wenigem glücklich zu sein weiß und eine nie ermüdende, durch keinen Unfall abzuschreckende Tätigkeit. Ein solches Volk hilft sich selbst, wenn es nur nicht gehindert wird.

So hatte die sächsische Betriebsamkeit bald alle Spuren des verheerenden Krieges vertilgt, der Kredit war hergestellt, das Land bei weitem blühender als die Nachbarstaaten.

Nur selten, nur vorübergehend war diese glückliche Ruhe unterbrochen worden. Zuerst durch die Teuerung in den Jahren 1770 und 1771, die in den Gebirgsgegenden in die gräßlichste Hungersnot ausartete. Mehr als 1000 Menschen starben. In völliger Verzweiflung war der 20jährige Kurfürst über das Elend. Man hatte versucht, es ihm zu verhüllen. Doch war es ihm doch nicht ganz verborgen geblieben.

Auch der Krieg um die bayrische Erbfolge 1778/79 störte Sachsens Ruhe. An sich wenig bedeutend

*Kurfürst Friedrich August III. zu Pferde
in der Uniform seines Infanterieregiments.*

durch seine Begebenheiten, mitunter als Kartoffelkrieg verspottet, wurde er doch für Friedrich August wichtig: Zum ersten Mal war er gezwungen, mit Menschen umzugehen. Die Generale, die Prinzen der preußischen Armee konnten nicht so kurz abgefertigt werden wie die seinigen. Er fand Männer hoher Bildung unter ihnen, mit denen sich vieles reden ließ.

Die Monate des bayrischen Krieges wurden für Friedrich August der Zeitpunkt seiner Emanzipation, der Augenblick, in dem er völlig zum Mann wurde. Weniger gelehrig duldete er von da an die Vormundschaft Marcolinis und Gutschmids.

Die Fesseln der Gewohnheit aber trug er fort.

König oder nicht König
– das ist die Frage

25. Juli 1790
Mein Gott, ich wollte, ich säße wieder zu Pferde! Ich vertiefe mich in meine geschichtlichen Studien und anderenorts geschieht Geschichte! Ich kann die Göttinger Enge nicht länger ertragen.

»Sie sind ein Jakobiner gewesen?«

Ich konnte auf dem Gesicht Friedrich Augusts nicht lesen, als er mich dies fragte. Es war in späteren Jahren, die Revolution längst vorbei, um das Jahr 1808.

»Ich war damals noch jung, Majestät.«

Nicht alles läßt sich mit Jugend entschuldigen. Schon gar nicht bei Hofe. Schon gar nicht vor einem König. Mühsam suchte ich nach erklärenden Worten.

»Junge Leute übersehen noch nicht, was aus dem an sich gut Scheinenden entsteht. Jene Grundsätze einer gemäßigten Freiheit hatten wohl etwas Verführerisches.«

Friedrich August musterte mich gründlich.

Ich war wohl etwas erregt.

Es entging ihm nicht.

»Sie dürfen sich dessen nicht schämen.«

Leise, bedächtig fügte er hinzu:

»Es ist wohl auch älteren Leuten begegnet, diesen Ideen Beifall zu geben.«

Zu froh war ich damals, aus diesem Gespräch entlassen zu sein, als daß ich eine Frage noch gewagt hätte. Ich glaube aber, er meinte mit dieser Bemerkung sich selbst. Er hatte von der französischen Revolution, so, wie sie sich in ihrem ersten Beginnen aussprach, liberale Ansichten gefaßt und stand damit ganz und gar entgegengesetzt den Begriffen seiner Umgebung. Marcolini raubte damals die Furcht vor einer Verbreitung der Revolution den Nachtschlaf. Nicht so dem Kurfürsten. Die Beschränkung der königlichen Gewalt schreckte Friedrich August nicht, er schien den ersten gemäßigten Grundsätzen der Feuillants durchaus zugetan. Das Jakobinerwesen freilich mußte er verabscheuen.

Vielleicht hatten diese gemäßigten Grundsätze auch einigen Einfluß auf sein Betragen auf dem Kongreß von Pillnitz im August 1791. Er weigerte sich durchaus, an den Beratschlagungen über den Krieg gegen Frankreich Anteil zu nehmen. Ganz in seinem Charakter handelte er dabei: Es schien ihm ungerecht, sich in die inneren Angelegenheiten eines fremden Landes zu mischen. Doch erklärte er, wenn der Boden des Deutschen Reiches feindlich betreten und der Krieg ein Reichskrieg werden sollte, würde er seine Pflicht als Reichsfürst pünktlich erfüllen.

Das tat er auch. Mehr aber nicht.

9. Juni 1791
Es ist entschieden: Ich nehme wieder Dienst. Das Gespräch mit General Graf Bellegarde gab den Ausschlag. Er habe mich damals nur ungern scheiden sehen. Unterderhand gab

er mir zu verstehen, im sächsischen Offizierkorps herrsche ziemlicher Mangel an gebildeten Männern. Über einen Monat, und ich bin Rittmeister im Husarenregiment in Radeberg. Sachsen hat mich wieder!

Wie gern verließ ich damals Göttingen, ewig lockte das Reiterleben. Von Radeberg wurde ich bald nach Cölleda versetzt. Während ich freudig wieder Dienst tat, trat ein für Friedrich Augusts Persönlichkeit wichtiger Umstand ein: seine Berufung auf den polnischen Thron. Die Konstitution vom 3. Mai war in Warschau proklamiert worden. Seine einzige Tochter wurde zur Erbin des Throns erklärt, den sie mit ihrem künftigen Gemahl teilen und der sodann auf ihre Nachkommen erblich übergehen sollte.

Welch ein Angebot!

Friedrich August liebte die polnische Nation. Seit dem Tode seines Großvaters hatte sie ihm fortdauernd die größte Anhänglichkeit bewiesen.

Alles mußte ihn von dieser Seite anziehen.

Fürst Adam Czartoryski erschien an der Spitze einer Deputation in Dresden, trug Friedrich August als Nachfolger Stanislaw August Poniatowskis die Krone an. Ein polnischer Gesandter, Neffe des alten gefeierten Marschalls Malachowski, wurde am sächsischen Hof angestellt. Eifrig diskutierten die Sachsen das Für und Wider des Anerbietens der polnischen Krone. Die Polen indes wunderten sich, daß ihre Anträge überhaupt noch Bedenklichkeiten erregen könnten.

Der Kurfürst und seine Räte aber schwankten.

Rußland hatte sich noch nicht erklärt. Zwar redete das preußische Kabinett dringend zu, aber Friedrich August mißtraute den Erklärungen Friedrich Wilhelms – nicht zu Unrecht. Nichts als Worte, keine sichere Bürgschaft! Auch der deutsche Kaiser Leopold II. gab keine Sicherheit, nur mit der Beruhigung seiner Länder beschäftigt, Polen scheinbar ganz aus dem Blick verloren. Frankreich indes, in der vollen Gärung der Revolution, gewissermaßen tot für die Angelegenheiten Europas, konnte kein Gewicht in die Schale legen.

Friedrich August blieb die zweifelhafte Treue Preußens. Sollte er darauf vertrauen? Freilich war Preußens Verhältnis zu Rußland gerade gespannt. Wie leicht aber konnte sich das ändern, Preußen ihn und das unglückliche Polen aufopfern.

Geschmeichelt, angezogen vom Angebot der Polen, zögerte Friedrich August, wollte Zeit gewinnen. Voller Bedächtigkeit faßte er schließlich einen Entschluß, der keiner war: Er wies den Antrag der Polen nicht ab, weigerte sich jedoch, ihn anzunehmen, solange Rußland seine Garantie versagte oder aufschob.

Katharina II. besaß weder das sanfte Naturell Friedrich Augusts noch dessen Bedächtigkeit. Während der sächsische Kurfürst noch grübelte, überschritten ihre Truppen bereits die polnische Grenze.

In Sachsen aber, in Dresden und Leipzig, sammelten sich wenig später die wichtigsten Vertreter der Prinzipien des 3. Mai, und hier, auf kursächsischem Boden, unter der Regierung Friedrich Augusts, entstand ihr Plan zu einer Befreiung des geteilten Polen.

Kleiner Freund des großen Napoleon

2. Juli 1806
Bin seit dem vergangenen Jahr Generaladjutant des Kommandierenden Generals der Kavallerie von Zezschwitz. In dieser Eigenschaft komme ich in häufige Berührung mit Graf Götzen, einem Flügeladjutanten des preußischen Königs, der in Dresden mit den sächsischen Autoritäten die Maßregeln über die Vereinigung der Truppen abredet. Bei ihm habe ich eine Karte gesehen, die für sächsische Augen wohl nicht bestimmt war: Die beiden Lausitzen und ein Teil des Wittenberger Kreises waren mit den preußischen Ländern vereinigt.

Von solchen Ideen, von solchen preußischen Eroberungsplänen gegen Sachsen hatten wir damals keine Ahnung. Vollkommen ehrlich waren wir, mit der festen Absicht, Napoleon aus Deutschland zu vertreiben.

Anfangs zwar wollte der Kurfürst seine Truppen nur zur Verteidigung des obersächsischen Kreises mit den preußischen vereinigen. Aber noch am 12. Oktober erließ er Befehl, die Preußen auch über die Grenzen Obersachsens hinaus zu begleiten.

Es folgte das große Debakel von Jena. Ich leitete die Truppen auf dem Schneckenberge, erhielt einen Lanzenstich in den linken Arm und kam damit noch gut weg. Am Abend des Schlachttages beauftragte Na-

*Karl Wilhelm Ferdinand von Funck
als Generaladjutant des Königs.*

poleon mich, nach Dresden zu eilen und den Kurfürsten zu veranlassen, in seiner Hauptstadt zu bleiben, wenn er wolle, daß sein Land nicht als feindliches behandelt werden sollte.

Ich kam gerade im letzten Augenblick in Dresden an. Man stand kurz vor dem Aufbruch, der Flucht, die Wagen waren reisefertig gepackt. Die größte Aufregung herrschte hier, alles stürzte kopflos umher.

Staubbedeckt wie ich war nach mehrstündigem Ritt, wurde ich an den Kurfürsten gewiesen. Es war meine erste Begegnung mit Friedrich August.

Noch etwas atemlos, aber sicher und bestimmt trug ich ihm Napoleons Ansinnen vor.

Er ging vollständig darauf ein.

Bereits am 27. Oktober ernannte mich der Kurfürst zu seinem Flügeladjutanten. Es herrschte einige Aufregung deswegen, war ich doch der erste Husar auf diesem Posten. Alsbald reiste ich mit dem Grafen Bose zu den Verhandlungen nach Posen.

*Königlich-sächsischer Herold,
der am 20. Dezember 1806 die Königswürde ausrief.*

Am 11. Dezember wurde der Frieden mit Napoleon geschlossen.

Friedrich August erhielt dadurch die Königskrone und – nach dem Frieden von Tilsit – auch den Kreis Cottbus und die polnischen Provinzen Preußens als Herzogtum Warschau zugewiesen.

Angelangt war er auf dem Höhepunkt seiner Herrscherlaufbahn. Ganz ohne eigenes Zutun.

3. Mai 1807
Ich eile von Beförderung zu Beförderung: am 28. Dezember erst Obristleutnant geworden, am 7. Februar vom König schon zum Obersten und Generaladjutanten befördert, dazu der Heinrichsorden verliehen. Nun bin ich in unmittelbarer Nähe des Königs und habe damit so manches Mal meine Not: Es scheint Friedrich August einfach unmöglich allein zu stehen, sich als selbständig zu betrachten, weder in der Verwaltung seines Landes noch in der äußeren Politik. Es genügt ihm nicht, sich an eine größere Macht anzuschließen, er muß sich ihr ganz ergeben.

Die lange Vormundschaft, unter der Gutschmid und Marcolini den König gehalten hatten, trug ihre Früchte. Was sollte der König beschließen, was tun? Wie sollte er sich benehmen?

Gleich einem dem Schwindel Unterworfenen, der sucht, sich im Gleichgewicht zu halten, war Friedrich August die so wenig Stützung gebende Form des Deutschen Reiches genug gewesen, sich daran aufrechtzuerhalten. Aber irgend etwas mußte er haben, das er ergreifen konnte. Nachdem 1806 die Auflösung des Reiches sich nicht mehr leugnen ließ, war er daher im Begriff gewesen, sich ganz unter die Willkür Preußens zu beugen.

An die Stelle dieser Macht trat nun plötzlich der Kaiser der Franzosen, zunächst gehaßt, nun Vollstrecker des Ratschlusses der Vorsehung.

Friedrich August ergab sich ihm ganz.

Kein Wunder, fesselte ihn doch Dankbarkeit an diesen Mann, der ihn hätte verderben können, der ein Recht dazu gehabt hätte, statt dessen aber sich um seine Freundschaft bewarb.

Zu lange war Friedrich August gewohnt, nichts von den Menschen, aber alles von den Beamten zu erwarten. So suchte er auch jetzt nur bei dem Minister, dem Präsidenten, dem General Rat und Unterstützung. Er vergaß zu prüfen, ob diese Stellen auch an Männer von Geist und Talent vergeben wurden.

Redlich bemühte sich Friedrich August, die Wunden des Landes zu heilen, die Mängel zu beheben. Die Ungeschicklichkeit seiner Gehilfen aber machte sein persönliches Opfer fruchtlos.

Sie waren es einmal so gewöhnt, beherrscht zu werden. Nur nach einem neuen Joch sahen sie sich um. Ängstliche Besorgnis, die Furcht, bei Napoleon anzustoßen, ging um. Wegen jeder Kleinigkeit, nicht nur der äußeren Politik, auch der inneren Verhältnisse wurde nun beim Kaiser angefragt.

Wie schrecklich lächerlich machten wir uns.

5. Mai 1807
Pünktlich wie ein Uhrwerk versehe ich meinen Dienst beim König, wechsle mit den anderen drei Adjutanten wöchent-

lich darin ab. Dadurch habe ich jedesmal drei Wochen lang gar nichts zu tun.

Kaum angetreten, wurde mir der Dienst schon reichlich eintönig. In der vierten Woche hatte ich alle Mittage dem König den Wachzettel zu bringen und den Gouverneur zu melden, der die Parole von ihm empfing. Ich begleitete ihn zweimal auf die Jagd, an Sonn- und Festtagen in die Kirche und des Abends in das Schauspiel. Auf der Jagd und wenn Tafel war, speiste ich allemal mit dem König.

In den ersten Wochen meiner Dienstleistung war der König nur sehr einsilbig. Bald jedoch gewöhnte er sich daran, sich mehr mit mir zu unterhalten. Nach und nach waren es nicht mehr nur die Gegenstände der Jagd und des täglichen Lebens, die den Stoff unserer Gespräche gaben, sondern Politik, Literatur, Militär und Geschäfte.

Deutschland wurde damals mit einer Menge von Schriften über Preußens Fall überschwemmt. Der König kannte die meisten und urteilte stets sehr richtig darüber. Indem er aber von solchen Gegenständen sprach, suchte er auch meine Meinung herauszulocken, ohne die seinige zu verraten. Ich mußte mich dabei sehr in acht nehmen, nicht ein zu rasches Urteil zu fällen. Er merkte sich sehr genau, was man einmal gesagt hatte.

»Aber Sie haben ja neulich die Sache anders beurteilt!«

Mehr als einmal brachte er mich mit diesem Einwurf in Verlegenheit.

Ordensvögel und Großkreuze

17. Juli 1807
Napoleon macht Besuch in Dresden. Ich wurde dem Kaiser entgegengeschickt und begegnete ihm bei Marienburg. Der König ist ihm bis Bautzen entgegengereist.

»Sie haben nicht Krieg mit mir geführt!«

Das waren Napoleons erste Worte, als er den König sah.

In einem Wagen fuhren beide Monarchen nach Dresden.

Friedrich August, des feinen Tons der Unterhaltung im höchsten Grade Meister, erschien im Ernst wie im Scherz stets zu seinem Vorteil. Auch von dieser Seite gewann er Napoleons Achtung.

Der König wußte das Gespräch auf den Feldzug in Ägypten zu lenken, und der Kaiser erzählte ihm in einem gutmütig kavalieren Ton manch hübsche Anekdote. Von Zeit zu Zeit kamen sie auch auf die näheren Verhältnisse zu sprechen.

»Man gibt mir zu viel Ehre, wenn man glaubt, daß alles, was ich getan habe, zuvor durchdacht worden wäre.«

Napoleon sprach in der ihm eigenen offenen, ja beruhigenden Art.

»Ich habe mich zu Dingen gezwungen gesehen, die ich mir nie habe träumen lassen.«

Mit dem religiösen Fatalismus des Königs trafen diese Ansichten vollkommen zusammen. In dem gefürchteten Umwandler Europas fand er mehr und mehr einen nicht nach außerordentlichen Eindrücken strebenden, ja heiteren Gesellschafter.

Um so mehr gewann er den Mann lieb.

Napoleon bezeigte dem König große persönliche Achtung, rühmte den trefflichen Anblick des Landes, nannte es ein schönes Land, lud den König ein, sich bei allen Gelegenheiten, wo Irrungen entstehen könnten, unmittelbar an ihn selbst zu wenden.

»Wir werden uns mit ein paar Worten verständigen, ohne Ihre Minister und meine damit zu beschäftigen.«

Der König war tief beeindruckt.

Wort für Wort hat er mir dies alles selbst wiedererzählt.

19. Juli 1807
Marcolini ist nichts weniger als wütend, weil Napoleon die gesamte Ordnung bei Hofe umstößt. Die Landpartie hat er von 12 Uhr auf 5 Uhr nachmittags verlegt. »Was«, hat der Kaiser gerufen, »zu Mittag? Bei der Hitze? Ich würde den ganzen Tag verlieren, nur um mich von der Sonne braten zu lassen. Bis zum Nachmittag kann ich viel erledigen.« Auch der König war froh, soviele Stunden zur Arbeit gewonnen zu haben.

Ein Sonntag fiel in die Zeit des Besuches Napoleons. Man hatte eine Messe mit Musik angeordnet, die um ¾ auf 12 angehen sollte. Um 10 Uhr schon stand der König, den Degen an der Seite, den Hut unter dem Arm, bereit, mit versammeltem Dienst den Kaiser zu erwarten.

Der Kaiser erschien nicht.

Friedrich August wartete.

Der Kaiser erschien noch immer nicht.

Ich wurde abgeschickt, Napoleon zu melden, daß alles bereit wäre.

»Man betet viel in diesem Lande«, antwortete mir Napoleon.

»Um welche Zeit begibt sich der König in die Kirche?«

»Er geht gewöhnlich um halb 11 in die Kirche, um die Predigt zu hören, bis zur Messe ist aber noch über eine Stunde Zeit.«

»Und er verweilt die ganze Zeit in der Kirche?«

»Ja.«

»Ich für meine Person begnüge mich mit einer Messe an den Festen und Sonntagen. Sagen Sie Seiner Majestät, daß ich die Messe nicht versäumen werde, von der Predigt aber verstünde ich doch nichts. Sie benachrichtigen mich, wenn es Zeit ist.«

Ich könnte ein Buch von all dem Linkischen schreiben, das wir in diesen wenigen Tagen uns zuschulden kommen ließen.

21. Juli 1807
Die Franzosen haben wohl ein wenig den Ordensvogel. Es sind Großkreuze der Rautenkrone und des Heinrichsordens gemacht. Nun sollen sie eingeweiht werden.

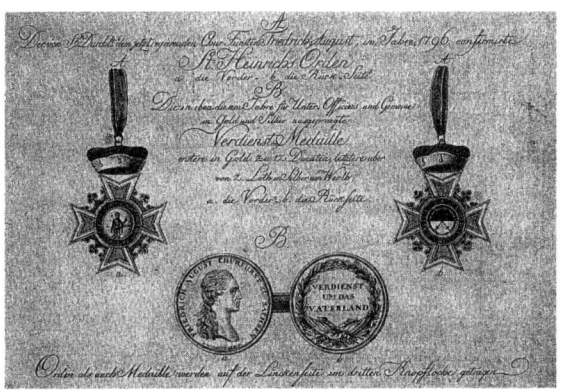

*Kurfürstlich-sächsischer St.-Heinrichs-Orden
in der Ausführung von 1796.*

Eines Morgens fand ich den König mit dem grünen Band geziert. Er befahl mir, ihn beim Kaiser anzumelden.

Ich eilte hin. Napoleon antwortete sehr freundlich.

Ich eilte zurück, holte den König, der mir ein Paket Bänder zu tragen gab.

Der Kaiser kam Friedrich August schon im Vorzimmer entgegen. Der König ging mit ihm in das innere Zimmer, sagte ihm, er hätte sich entschlossen, diesen Zeitpunkt durch die Errichtung des Ordens von der Rautenkrone zu feiern. Er ersuchte den Kaiser, diesen neuen Orden dadurch zu ehren, daß er der erste Ritter desselben werde. Er selbst würde sich sehr geschmeichelt finden, das Band der Ehrenlegion tragen zu können.

Napoleon war erfreut.

Der König öffnete die Tür, um sich von mir das Band geben zu lassen. Der Kaiser aber hatte sein eigenes Band schon abgenommen, hing es dem König eigenhändig um. Dafür bat er sich dasjenige aus, welches der König selbst trug.

Sie konnten nun mit dem Umhängen nicht so recht fertigwerden.

Ich hatte die Ehre, bei beiden den Kammerdiener zu machen.

Nun traten sie gleich zusammen in das Vorzimmer hinaus.

Das lange grüne Band des Königs reichte dem Kaiser fast bis an das Knie.

Friedrich August trug das rote von Napoleon ganz kurz wie eine Patronentasche.

Wagenlenker mit wohlgezäumten Pferden

22. Juli 1807
Noch immer logiert Napoleon in Dresden. Heute hat er dem Herzogtum Warschau, das Friedrich August nun als Herzog regiert, eine Verfassung gegeben – ganz nach dem französischen Vorbilde.

Brauchte Polen nicht einen kräftigen Regenten? War Friedrich August dieser kräftige Regent?

Er war es nicht.

Napoleon irrte sich im Charakter des Königs.

Er übersah, daß unsere sächsische Bedachtsamkeit oft nur aus Unentschlossenheit entsprang. Er übersah, daß wir Schwierigkeiten aller Art zu ersinnen pflegten, um uns nur nicht rasch entscheiden zu müssen. Und wenn endlich die Zeit verloren war, die Notwendigkeit zur Entscheidung zwang, fiel diese, gar zu oft vom Zufall gelenkt, auf das erste vor uns Liegende.

Aber nicht immer auf das Beste.

Erhaltungsgeist und Gewissenhaftigkeit sind herrliche Eigenschaften, wenn man nichts Neues schaffen will.

Aber wenn man es will?

Jungen, feurigen Rossen einen tollkühnen Führer zu geben, bringt freilich nichts Gutes hervor. Napoleon aber wählte, um sie einzufahren, in Friedrich

August einen Wagenlenker, der seine Kunst nie anders als mit wohlgezäumten Pferden in gewohntem Gleise geübt hatte.

26.7.1807

Bei der Abreise habe ich Napoleon bis Erfurt begleitet. Er entließ mich sehr freundlich mit einem artigen Kompliment an den König und die königliche Familie.

Dem Kaiser Napoleon folgten die Abgeordneten der Warschauer Regierungskommission auf dem Fuße. Leider ist alles, was von unserer Seite geschieht, nicht geeignet, den Polen eine vorteilhafte Idee von der neuen Regierung zu geben. Schon unsere Formen müssen die Polen, die so sehr am Äußeren hängen, überall beleidigen.

Wie gewöhnlich hatte man sich auf nichts vorbereitet.

Der Anstand erforderte, der Audienz einen Grad von Öffentlichkeit und schickliches Gepräge zu geben. Aber dazu hätte ein anderer als Marcolini die Anordnungen treffen müssen.

Nach seiner gewöhnlichen Weise hatte Marcolini keinem Menschen ein Wort gesagt. Kein Minister war benachrichtigt, die vornehmsten Hofbedienten wußten nichts. Nicht einmal das Personal des täglichen Dienstes hatte einen Wink bekommen.

»Heute werden die polnischen Kavaliere eine Audienz beim König haben.«

Ich traute meinen Ohren kaum, als der Hoffourier dies eines Vormittags ansagte. Bei einer Audienz war es gebräuchlich, daß entweder der Adjutant oder

der Kammerherr den Fremden in den Saal führte, ihn dem König nannte und sich dann zurückzog.

»Durch wen werden die Fremden eingeführt werden?«

Der Hoffourier wußte es nicht.

Nach wenigen Minuten kam der König in den Audienzsaal, stellte sich aber nicht auf den gewöhnlichen Platz vor dem Kamin, sondern unter den Thronhimmel.

Nur Marcolini und ich waren zugegen.

»Wo sind denn die anderen?«

Ich erbot mich, sie zu holen. Der König rief mir nach:

»Bringen Sie mit, wen Sie finden!«

Ich fand aber nur den eigentlich dienstleistenden Adjutanten, Obrist Brunst, und die beiden Kammerherren.

»Stellen Sie sich um den Thron!«

Sie aber begriffen es nicht. Dicht nebeneinander blieben sie stehen.

Die Ankunft der polnischen Abgeordneten wurde gemeldet. Graf Bose führte sie ein.

Verwundert blickten sie sich im Saal um: Anstatt den König von seinen Ministern, Generälen, Hofchargen umgeben zu finden, erblickten sie ihn in der Weite des Saales schließlich ziemlich einsam vor dem Thronsessel.

Marcolini stand auf der einen Seite, ich auf der anderen.

Etwas rückwärts die drei Herren in einem Trupp.

Aller Glanz war auf der Seite der Abgeordneten.

Armseligkeit und Verlegenheit auf der unsrigen.

Stanisław Potocki hielt die Anrede französisch. Der König beantwortete sie in derselben Sprache. Er hatte die Gabe, sich ebenso schön wie klar, bestimmt und mit Würde auszudrücken.

Auf diese Weise machte er die Fehler gegen den Anstand wieder gut.

10. Oktober 1807
Friedrich August bricht von seinen Erholungsstunden und von seinem Schlafe ab, um sich von allem, was das Herzogtum Warschau angeht, zu unterrichten. Er liest selbst die Menge der Bittschriften. Auch studiert er mit großer Anstrengung die polnische Sprache.

Friedrich August hatte das Polnische zwar in seiner Jugend gelernt, aber nie gesprochen und seit vierzig Jahren nicht geübt. Er brachte es soweit, daß er schon im November sich zwar langsam, aber doch mit Bestimmtheit, mit Zierlichkeit und grammatisch richtig ausdrücken konnte.

Sein Arbeitseifer war bewundernswert.

Sofort nach Napoleons Abreise fing Friedrich August an, sehr eifrig in den Angelegenheiten seines neuen Landes zu arbeiten. Im Zeitraum von nur vier Monaten erwarb er sich eine so gründliche, tief eindringende Kenntnis von dem Lande, daß die Minister ihn besser unterrichtet fanden, als sie selbst es waren.

Viel zu kurz war der erste Aufenthalt des Königs im November 1807 in Warschau, um viel vorzunehmen. Er beschränkte sich fast nur darauf, alles, was bisher geschehen, zu bestätigen.

Noch standen die Armeekorps der Marschälle Soult und Davout in Polen.

Davout betrug sich mit großer Mäßigung und Feinheit gegen den König. Ich glaube sogar, daß er es gut mit uns meinte. Mehr als einmal sagte mir Davout, der Kaiser habe ihm die größte Achtung gegen Friedrich August anbefohlen. Eines Tages zeigte er mir sogar den Schluß eines Briefes von Napoleon, in welchem ihn dieser mit eigener, kaum leserlicher Hand in dieser Weise instruierte.

So sehr sich Davout aber mühte, Friedrich August flößte er kein Vertrauen ein.

Nie überwand dieser eine gewisse Unbehaglichkeit.

Ohne Weigerung zwar nahm Friedrich August von Davout Befehle entgegen. Er tat die Dinge so, wie der Marschall sie haben wollte.

Es ging bis zum Knechtischen.

Nie aber konnte er den rechten Ton finden gegen diesen Mann.

Er schien ihm auf der Grenze zwischen Souverän und Untertan zu stehen.

Stiefel oder Seidenstrümpfe?

19. Dezember 1808
Ich bin Zeuge gewesen, wie der König die Königin anfuhr, als sie mit ihm über die messe militaire reden wollte. Es ist eine jener Härten, die er seit Jahr und Tag gegen die Königin zeigt.

Wir waren wieder in Warschau.

Ich bin überzeugt, die Königin wußte eigentlich so wenig wie die Prinzessin Auguste, warum sie den Polen abgeneigt waren. Die Königin hatte sich ehemals im stillen für das französische System erklärt, als noch alles dagegen war. Auch zeigte sie eine große Anhänglichkeit an Napoleon. Für den Prinzen Jérôme hatte sie eine Vorliebe, ebenso für Murat, für alle französischen Großen, die sie kennenlernte.

Die Reise nach Warschau aber war ihr zuwider.

Sie fand sich in ihren Bequemlichkeiten, in ihren Zeitvertreiben gestört. Unaufhörlich wurde sie von ihren Kammerleuten und sämtlichen sächsischen Bediensteten aufgehetzt.

Der König war hart gegen sie.

Ungewöhnlich streng und selbstbeherrscht wie er war, nahm er keine Rücksicht auf körperliche Schwächen. Stets hatte ihn die Königin, so krank sie sich mitunter auch fühlte, im Wagen auf die Jagd und zu Spazierfahrten, zu Fuß bei seinen Promenaden zu begleiten, nie durfte sie beim Ballspiel und den anderen Belustigungen der Tagesordnung fehlen. Nie durfte sie eine Miene ziehen bei öffentlichen Gelegenheiten oder bei Tafel.

Mitunter hatte sie sich in ihrer Lebhaftigkeit zu Lustigkeiten hinreißen lassen.

Die Verweise nahmen kein Ende.

Beim Ballonspiel in Pillnitz, wo außer den Spielenden stets der ganze Hofstaat anwesend sein mußte, flog einmal ein Ballon dem nebenstehenden Offizier der Grenadiergarde an den Kopf.

Seine Bärenmütze fiel herunter.

Ehe er danach greifen konnte, sprang die Kurfürstin zu, hob sie auf und setzte sie dem alten Geheimrat von Zehmen auf den Kopf.

Er mußte eine seltsame Figur darunter machen. Die Mütze fiel ihm bis über die Augen und konnte nicht ohne merkliches Verschieben der Perücke wieder abgenommen werden.

Keiner wagte zu lachen.

Alle erstickten beinahe.

Der Kurfürst allein blieb unbeweglich bei dem Skandal, setzte das Spiel fort, als ob nichts geschehen wäre.

Es läßt sich leicht denken, wie die Königin für ihre Unbesonnenheit büßen mußte. Damals in Warschau gefiel sie sich als Haupt einer stillen Opposition gegen die Verbindung Sachsens mit dem Herzogtum Warschau, kam sich interessant dabei vor.

Alle am Hofe wußten davon.

Der König war ahnungslos.

21. Dezember 1808
Auch in den kleinsten Dingen sucht der König Bedeutung. Von allen Seiten wird er noch immer wegen der messe militaire bestürmt und ist schon ganz verdrießlich.

Dabei ging es um nichts weiter als eine Kirchenparade.

Davout wollte damit dem König, dessen Frömmigkeit bekannt war, eine Höflichkeit erweisen. An den Sonntagen nämlich, an denen der König die Kirchenparade anbefehlen würde, sollte die Besatzung von Warschau im Schloßhof aufmarschieren und, nachdem Friedrich August durch die Reihen gegangen wäre, vor ihm vorbei in die Kirche defilieren. Hier würde sie sich in den Gängen aufstellen und bei der Erhebung des Allerheiligsten auf die Knie fallen bis auf eine kleine Abteilung, welche die militärischen Ehrenbezeugungen machen und zugleich das Spiel rühren müßte.

Napoleon unterwarf sich von Zeit zu Zeit diesen Gebräuchen. Aber er ging dann auch in Stiefeln in die Messe.

Bei uns galt das als unerhört.

Der König erschien bei der Militärcour um halb elf Uhr in seidenen Strümpfen, um elf Uhr bei der Parade in Stiefeln mit dem Hut auf dem Kopfe, um halb zwölf wieder von neuem gepudert und in seidenen Strümpfen in der Kirche.

Es wurde ihm sauer.

Er glaubte aber, sich dieser Beschwerde ohne Ausnahme jeden Sonntag und jeden Feiertag unterwerfen zu müssen.

Die Kammerdiener waren wütend. Dreimal an einem Morgen mußten sie den König an- und ausziehen. Sie schimpften auf den Marschall, die Franzosen und das »verfluchte« Warschau.

Von allen Seiten wurde der König bestürmt. Ich stellte ihm vor, daß es ja von ihm abhinge, diese Prozedur so selten wie möglich stattfinden zu lassen.

Das wollte er nicht glauben.

Nur mit Mühe drang ich in jenem Punkte durch. Aber nicht eher, bis ich ihn überzeugt hatte, daß auch Davout es unbequem fände, bei schlechtem Wetter der Parade beizuwohnen.

10. Januar 1809
Der König ist ganz und gar mit der Organisation des Herzogtums beschäftigt. Es wird ihm äußerst schwer, sich in die ihm völlig fremden Formen zu finden. Sie sind so ganz von denen verschieden, in denen sich die sächsische Staatsverfassung seit mehr als 40 Jahren bewegt. Besonders tritt diese Schwierigkeit bei der Errichtung der Armee ein.

Der Kriegsminister des Herzogtums, Fürst József Poniatowski, hatte darüber einen Plan eingegeben.

Dieser war dem König beinahe ganz unverständlich.

Er stieß darin auf Begriffe, die ihm fremd waren. Da gab es kein Geheimes Kriegsratskollegium, kein Kommissariat, keine Kriegskanzlei, kein Kriegskabinett, keine Generalinspektionen, mit einem Worte nichts von jener Aristokratie, die in Sachsen alle Kräfte lähmte, jede schnelle Ausführung hinderte.

Józef Poniatowski, Kriegsminister des Herzogtums Warschau.

Der König konnte das Ganze einfach nicht umfassen.

Er studierte sich in die Details hinein, rechnete Summen nach, hob einzelne Artikel heraus und machte sich immer weiter irre. Am Ende verzweifelte er vollends an der Summe von 7 Millionen Talern, die jährlich zur Unterhaltung der Armee erfordert wurde und bei weitem die ganzen Einkünfte des Herzogtumes überstieg. Der König ließ mich rufen.

»Sehen Sie diesen Plan durch. Was bedeuten die Ausdrücke: enfant de troupe, soldats d'equipage? Ich kenne sie nicht. Geben Sie mir darüber Auskunft.«

Dies war nun freilich sehr leicht.

Bald aber merkte ich, daß diese Ausdrücke für den König nur der Vorwand waren, um über das Ganze eine umständliche Erläuterung einzugehen. Ich studierte nun den ganzen Plan mit großem Fleiß.

Eigentlich kam es nur darauf an, dem König alles ins Sächsische zu übersetzen.

Der König schien zunächst zufrieden.

15. Januar 1809
Fürst Józef klagt mir, er müsse beinahe alle Hoffnung aufgegeben, bei den Sitzungen, die er mit dem König zur Organisation der Armee hat, jemals zum Ziele zu kommen. Der König habe die Art, selten auf das Ganze eines Vorschlages einzugehen. Er hebe einzelne Punkte heraus, mache Einwürfe dagegen, springe von einem Gegenstande auf den anderen und werde bald bei einer Kleinigkeit schwierig, bald frage er über das Warum bei Dingen, deren Notwendigkeit, so einzeln aufgestellt, allerdings schwer zu beweisen sei.

Der Fürst war regelrecht verzweifelt. Schon hatte der König ihm einige wesentliche Punkte abgestritten, wodurch der ganze Plan Stückwerk werden mußte. Ich sah den Fürsten täglich in seinem Hause, wo ich meine Abende zuzubringen pflegte.

Eines Abends nahm er mich beiseite.

»Die Konferenzen mit dem König kommen nur schlecht voran.«

Ich fragte nach den Ursachen.

»Der König macht Einwurf auf Einwurf. Es ist mir unmöglich, auf jede seiner Fragen gefaßt zu sein.«

Ich erkundigte mich, ob ich ihm in irgendeiner Weise behilflich sein könne.

»Vielleicht könnten Sie Gelegenheit nehmen, mit dem König über diese Dinge zu sprechen?«

Ich konnte diesen Wunsch nicht erfüllen. Wie schon oft zuvor nach wichtigen Angelegenheiten, war ich wieder auf meinen Adjutantendienst eingeschraubt.

Der Fürst aber tat mir leid.

Er war sehr aufrichtig gegen mich. Ihm lag daran, der Schöpfer der Armee zu sein, habsüchtige Nebenabsichten hatte er dabei nicht. Nun aber mußte ich mit ansehen, wie der König und er voreinander die Achtung verloren.

Ich verriet dem Fürsten deshalb ohne Umschweife, wie man mit dem König unterhandeln müsse.

Einige Tage nach diesem Gespräch sah ich, daß der König etwas auf dem Herzen hatte. Öfter als gewöhnlich ließ er mich rufen, schien etwas sagen zu wollen, entließ mich aber wieder, ohne sich erklärt zu haben.

Endlich aber kam er damit heraus: Er habe mich bestimmt, mit dem Kriegsminister Fürsten József Poniatowski den Plan noch einmal durchzugehen.

Ich nahm den Auftrag stillschweigend an.

Als ich mich entfernen wollte, rief mich der König zurück.

»Geben Sie bitte acht, daß Sie auch ja nicht mit dem Fürsten uneinig werden!«

Die Konferenzen auf der Blacha (dem Palast des Fürsten) gingen nun an, und wir brachten die Sache schließlich zu einem Ergebnis.

Des Königs neue Kleider

28. Januar 1809
Der König hat sich nach langem Bedenken auf mein wiederholtes Ansuchen entschlossen, sich eine polnische Uniform machen zu lassen. Der Schnitt, die Art der Uniform, welche ihm zu tragen geziemt, der Haarputz, der dazu schicklich sein könnte, das alles hat große Beratschlagungen erfordert. Endlich habe ich den Auftrag bekommen, sie machen zu lassen.

Es gelang mir damals, einen Schnitt zu finden, der Bequemlichkeit mit der Art des Anstandes, welche der König liebte, verband. Doch mußte erst die Zustimmung des Grafen Marcolini aus Dresden eingeholt werden.

Zweifelnd probierte der König schließlich Rock, Weste und Beinkleider. Er wunderte sich, den neuen Anzug bequemer zu finden als die sächsische Uniform.

Er besah sich im Spiegel.

Er gefiel sich.

Er ging zur Königin.

Bald darauf kam er mit ihr zurück. In ihrer lebhaften Art rief Sie mir zu: »Funck, Sie haben den König um zehn Jahre verjüngt!«

»Vivat«, tönte es im Warschauer Schauspielhaus, als der König im blauen Rock in die Loge trat. Er begriff auf einmal, daß auch bei Männern der Anzug nicht ganz gleichgültig ist.

Er begriff, daß es einen Mittelweg zwischen altfränkischer Pedanterie und geckenhafter Modesucht gibt.

1. März 1809
Die Zeit unserer Rückkehr nach Dresden nähert sich. An die sechs Monate haben wir in Warschau nun zugebracht, und – ohne danach zu streben – habe ich die Gunst und das Vertrauen des Königs in hohem Grade erworben.

Die Liebe der Polen, die sich beim Reichstag mit Enthusiasmus äußerte, war zum großen Teil mein Werk.

Ich machte ihn populär.

In Warschau lernte ich den Mann, der seit fünfzig Jahren sich hinter einem Nimbus steifer Formen zu verbergen gelehrt worden war, genauer kennen: Er will populär sein, aber er weiß es nicht anzufangen. Er zieht sich zurück, wagt nicht, nach seiner Überzeugung zu handeln.

In Sachsen war ihm dies zur anderen Natur geworden.

Er glaubte nun, nicht mehr umkehren zu können.

Aber er fühlte, daß die steife Kälte, mit der er anfangs unbeweglich und mit eiserner Physiognomie die Freudenbezeigungen und die Anreden seiner neuen Untertanen aufgenommen hatte, hier nicht angebracht war.

Unter seiner Umgebung war niemand, dem er sich anvertrauen konnte.

Graf Bose, stets kränkelnd, oft zerstreut, vergaß nicht selten, was er ihm gesagt hatte. Hofmarschall Racknitz, selbst ohne Benehmen und unbekümmert um alles, war kein Mann, zu dem er Zutrauen fassen konnte. Kammerherr Gablenz, ehemals sein Kammerpage, würde wohl sein Vertrauen erworben haben, wenn er nicht immer Schwierigkeiten gehäuft, wo er Rat geben, sich entschuldigt hätte.

Der König wußte nun so gar nicht, wann er entgegenkommen, wann sich herablassen und wann er in seiner ganzen Würde erscheinen sollte.

So nutzte ich meinen Einfluß auf die Etikette.

Ich bewog den König, mit mehr als nur denen, die bei Hofe in den ersten Zirkel traten, sich zu unterhalten. Ich bezeichnete ihm die Personen, mit denen er noch nicht gesprochen hatte, machte ihn mit ihren Verhältnissen bekannt, damit er etwas mit ihnen zu reden wüßte. Bei militärischen Manövern ließ ich ihn die bemerken, die eine Auszeichnung verdienten, führte ihn auf die Punkte, wo er sehen konnte, schob ihm Urteile unter, damit er mit Kompetenz über die Manöver sprechen konnte.

Dem König gewann dies die besondere Achtung bei den Franzosen und Polen. Häufig drückten sie mir ihre Verwunderung aus, daß der König ein wirklicher Kenner sei.

Mir aber brachte dies den Dank des Königs ein.

Und Unentbehrlichkeit im Dienst.

Mehr als einmal sagte der König zu mir:

Das königliche Residenzschloß in Dresden.

»Ich würde dieses Benehmen immer gepflegt haben. Aber man hat mich abgehalten.«

»Ew. Majestät können sich keinen Begriff davon machen, wieviel Glückseligkeit ein König durch ein einziges Wort verbreiten kann.«

Es war eine Schmeichelei.

Der König nahm sie als Wahrheit.

Die Zeit der Abreise kam heran. Wir eilten in starken Tagesreisen nach Dresden. Kaum hatte der König im Nachtquartier zu Guben die weiße Uniform wieder angezogen, nahm er auch wieder die kalten, steifen Formen an. Gegen mich blieb er gleich gut und freundlich. Aber es war, als ob er es nur verstohlen täte.

Marcolini erschien.

Schon gewann alles einen veränderten Anstrich.

12. Oktober 1809

Das Bündnis mit Frankreich hat uns in den Krieg gegen Österreich verwickelt. Den Einfall der »schwarzen« Freischaren des Herzogs von Braunschweig in der Oberlausitz hat Oberst Thielmann abgewehrt. Aber das westliche Sachsen und Dresden wurden doch von österreichischen Truppen besetzt und der König zur Flucht nach Frankfurt a. M. genötigt. Ich hatte unglaublich viel zu tun, man macht sich keinen Begriff von all der Hetzerei der letzten Zeit. Ich wurde krank davon, hatte Fieber, konnte kaum mehr eine Stufe steigen und mir doch keine freie Stunde nehmen. Der Leibchirurg Hedenus half mir schließlich glücklich.

Es waren schwere Wochen für den König.

Oft ließ er mich rufen.

Wenn ich seine Befehle erwartete, hieß er mich einen Stuhl nehmen und ihn unterhalten.

»Bei Ihnen allein wird mir wohl.«

Oft sagte er das zu mir.

»Alle Welt plagt mich, Sie bringen mir zuweilen gute Nachrichten, und sind es auch keine guten, so klingen sie doch aus Ihrem Munde nicht so gefährlich, und Sie haben auch gleich auf Auswege gedacht.«

Gewöhnlich sagte er mir nach Tisch im Vorbeigehen leise:

»Kommen Sie nachher, wenn alles weg ist!«

Die Zeit nach dem Rosenkranz und abends nach sechs Uhr mußte ich dann gewöhnlich bei ihm zubringen.

Oft gelang es mir, ihn zu erheitern.

Er vergaß dann die Gegenwart. Erzählte mir aus seinen früheren Jahren oder Anekdoten von fremden Höfen. Sein Scharfsinn und sein richtiges Urteil waren bewundernswert. Besonders fiel mir seine liberale Ansicht der Weltbegebenheiten und die Toleranz seiner Meinungen auf.

Ich hatte beides in ihm nicht vermutet.

Scharf trennte er seine Meinung als Mensch von seinen Grundsätzen als Herrscher.

Gefangen und abgeführt

16. Februar 1813
Bin wieder in Dresden, von der Armee zurückberufen, »aus Gesundheitsrücksichten dispensiert«. Mein Verhältnis zu Reynier ist untragbar geworden. Ich hoffe mir aber das Vertrauen des Königs zu erhalten.

Viel Zeit war vergangen, angefüllt mit rastloser Tätigkeit. Ich will nachtragen: Das Jahr 1809 brachte mir noch einen wichtigen diplomatischen Auftrag. Der König sandte mich nach Wien, um mit Napoleon über Erweiterungen Sachsens zu verhandeln. 1810 dann wurde ich zum Generalleutnant und Kommandeur der 1. Kavalleriebrigade bei der Division Gutschmid ernannt.

Das Jahr 1811 verging in reger Aufbauarbeit. Bei der Mobilmachung für den Rußland-Feldzug 1812 übernahm ich die Kavalleriedivision der I. sächsischen Division Lecoq, die 21. Kavalleriedivision der Großen Armee.

Den König sah ich nun kaum, doch das Jahr 1813 führte mich wieder in seine Nähe.

In Sachsen waren alle Gemüter in Gärung. Wenige wußten, was sie wollten, aber alle kamen darin überein, daß sie das bisher Bestehende nicht mehr wollten. So nannte sich die herrschende Stimmung Franzosenhaß.

Es war eine Kälte zwischen dem König und dem Volk entstanden. Mehrmals wagte ich, ihn leise auf diese traurige Tatsache aufmerksam zu machen.

Er nahm meine Kühnheit damals gut auf.

Auch Napoleon fragte mich nach der Volksstimmung in Sachsen.

»Man liebt mich nicht in Sachsen, nicht wahr?«

»Man bewundert Sie, Sire.«

»Sagen Sie die Wahrheit, Funck!«

»Sire, Sie haben viel für den König, aber nichts für Sachsen getan!«

Napoleon wurde nicht ungehalten.

Er gab mir sogar recht.

8. April 1813

Der Hof ist nach Plauen, und als er sich selbst dort nicht mehr sicher fühlte, nach Regensburg und Prag übergesiedelt. Ich begleite den König.

Alle Sachsen sind sich darin einig, daß sie das französische Joch abwerfen wollen, aber die Rechtlichen, die dabei das Wohl des Königs und des Landes und nicht nur ihren eigenen Vorteil im Auge haben, sind dem Hofe nicht nahe. Langenau und Senfft auf der einen und Thielmann auf der andern Seite wollen sich durch den Übertritt auf seiten Österreichs bzw. Preußens und Rußlands allmächtig machen. Marcolini und Gersdorf aber sind feig und nur um ihre Person und ihren Einfluß besorgt.

So mußte denn der König alle Selbständigkeit verlieren. Er konnte nie handeln, wie er wollte, sondern nur immer nach dem augenblicklichen Anstoß, den er durch die eine oder andere Partei erhielt.

Hätte der König einen festen Vorsatz gefaßt, alles wäre wohl anders gegangen. Er mußte mit einem Worte entweder ganz für oder ganz gegen Napoleon sein.

Der König aber glaubte nichts weiter tun zu können, als sich in die Arme des Kaisers von Österreich zu werfen. Am 20. April wurde die sächsisch-österreichische Konvention zum Abschluß gebracht, ein Geheimvertrag, der die sächsischen Besitzungen garantierte. In bezug auf das Herzogtum Warschau war eine Fassung gewählt, die dem sächsischen Kabinett wenigstens nicht alle Hoffnung nahm, dieses inzwischen von russischen Truppen besetzte Gebiet zurückzuerhalten.

Der König glaubte, mit dieser Konvention weder die Verbündeten noch Napoleon zu beleidigen.

Es kam aber ganz anders.

Wir wurden nun von beiden Seiten als Feind betrachtet.

10. September 1813
In Dresden gibt man abwechselnd Feste oder unternimmt irgendeinen Zug gegen Böhmen oder die schlesische Grenze. Da aber die vornehmeren Klassen nach und nach ausgewandert sind oder ihre Familien fortgeschickt haben, so fehlt es bei den Festen des Hofes besonders an Damen. Napoleon verlangt nun eine Ausdehnung der Hoffähigkeit auch auf Frauen, die nicht adelig geboren sind. Der König hat in dieser Sache nachgegeben. Er ist ohnehin längst keines Willens mehr fähig.

Als ob wir damals keine anderen Sorgen gehabt hätten.

Die Schlacht bei Lützen hatte des Königs Neutralität sehr schnell beendet. Napoleon ließ ihm nach seinem Sieg sechs Stunden Bedenkzeit, ob er unverzüglich seinen Rheinbundverpflichtungen wieder nachkommen oder – ob er abgesetzt werden wolle.

»Der König soll sich erklären«, sagte Napoleon, »dann weiß ich, was ich zu tun habe. Ist er gegen mich, so soll er alles verlieren, was er hat.«

Friedrich August entschied sich, wieder Verbündeter Napoleons zu werden.

Napoleon richtete sich unterdessen in Dresden häuslich ein. Der Thron des Königs indes stand auf der lockeren Rinde des brennenden Abgrundes.

Friedrich August war ein Gefangener in seiner eigenen Residenz.

5. Oktober 1813
Der König hat nur die Wahl, sich in Dresden einschließen zu lassen oder dem französischen Hauptquartier zu folgen. Er zieht letzteres vor.

Am 7. Oktober verließ er die Residenz und kam am 14. Oktober über Eilenburg in Leipzig an. Viel ist über die nun folgende Schlacht bei Leipzig schon geschrieben.

Solange es möglich war, suchte Napoleon den König durch günstige Nachrichten zu beruhigen. Als er am 16. Oktober einige Vorteile erlangte, ließ er es sogleich dem König melden.

*Kaiser Napoleon und König Friedrich August
nach einer Truppenbesichtigung.*

Der 18. und 19. Oktober entschieden das Schicksal des Königs gewaltsam.

Wäre ich in Leipzig bei Friedrich August gewesen, ich hätte ihm geraten, nachdem er von seinen Truppen verlassen war, nach Frankreich zu entfliehen.

Was konnte ihm denn geschehen?

Man konnte ihn der Regierung verlustig erklären. Aber das geschah ohnehin.

Man konnte sein Land als Eroberung behandeln. Gerade das hat man getan.

Friedrich August aber erklärte, er wolle in Leipzig bleiben und sich der Gerechtigkeit der verbündeten Monarchen anvertrauen.

Das war die schlechteste aller Maßregeln.

Es war eine Maßregel der Schwäche und des Kleinmuts.

Ihr Erfolg hat es hinlänglich gezeigt.

24. Oktober 1813
War heute auf einige Stunden in Leipzig, um meine Söhne zu sehen und zu erfahren, was aus ihnen werden soll. Der König ist mit Begleitung von Kosaken nach Berlin abgeführt worden.

In Leipzig war alles in der gewaltigsten Spannung. Wenige Köpfe fand man, die nicht im Rausche der Freiheit schwindelten. Alles träumte von der herrlichsten, glücklichsten Zukunft.

Der König wurde wenig bedauert. Man nahm es ihm übel, daß er die siegenden Monarchen nicht gesehen hatte.

Der Kronprinz von Schweden hatte den König besucht. Als er bei ihm war, kam das Gerücht, die Kaiser und der König von Preußen zögen ein.

Alexander und Friedrich Wilhelm kamen geritten, stiegen gerade vor dem Quartier des Königs ab und gaben die Parole aus. Man behauptet, es wäre geschehen, um dem König Gelegenheit zu geben, zu ihnen zu kommen. Mir scheint es aber ein bloßer Zufall gewesen zu sein.

Friedrich August kam die Treppe herab, stand im Vorhause. Die Monarchen aber setzten sich wieder zu Pferde und ritten fort.

Der getäuschte König ging nun traurig die Treppe wieder hinauf.

Einige Stunden später ritt Kaiser Franz vorbei. Aber ohne aufzusehen.

Gegen acht Uhr abends erhielt Friedrich August ein Schreiben Kaiser Alexanders. Des Königs persönliche Sicherheit, hieß es darin, fordere dessen Entfernung aus Leipzig. In Berlin werde er alles zu seiner Aufnahme bereit finden.

So hat mir Hauptmann Warnsdorf von der Grenadiergarde, der beim König war, den Vorgang erzählt.

Friedrich August war ein Gefangener, Sachsen ein besetztes Land.

100 Kosaken bewachten den Wagen des Königs und der königlichen Familie, der am 23. Oktober, noch vor 5 Uhr morgens, in Richtung Berlin aufbrach. In Brandenburg machte man Station, wo auf Befehl des Königs von Preußen ein schönes Diner bereitet war und mit 40 Augustdors aus der sächsischen Schatulle bezahlt wurde. Auch abends in Potsdam war feierlicher Empfang und große Tafel für den sächsischen Gefangenen. Noch des Nachts fuhr man weiter nach Berlin, wo Friedrich August ein Ehrenoffizier, Pagen, Kammerdiener und Hofjäger zugeteilt wurden.

Am 28. Oktober freilich dann erhielt der König Nachricht, ab sofort habe er für seine und seine Bedienten Verpflegung wieder selbst aufzukommen.

Weiß-grüner Jubelempfang

1. Januar 1814
Bin »wegen Dienstverweigerung« vom russischen Generalkommando entlassen worden. Die Wahrheit ist wohl eher, daß für einen kritischen Geist wie mich, der sich vom Schwindel nicht blenden läßt, jetzt kein Platz mehr ist.
In Sachsen hat man in den letzten Monaten immer wieder die Freiheit gepriesen. Alle sehen im Sturz Napoleons das Glück des einzelnen und der Nationen. Wer einen Zweifel dagegen zu äußern wagt, wird mit Hitze zurechtgewiesen und als ein schlechter Patriot gebrandmarkt. Daß die Sachsen von der Scylla in die Charybdis geraten sind, dafür hat kein einziger Augen.

Aber das änderte sich.

Die Unzufriedenheit der Sachsen nahm immer mehr im stillen überhand. Die russischen Befreier und Freunde betrugen sich nämlich nicht anständiger im Lande als ehemals die Franzosen.

Ihre Eßlust war unersättlich.

Ein Russe aß soviel wie zwei Franzosen.

Ein Russe trank soviel Branntwein wie acht Franzosen.

Bei dieser Lebensweise wurden sie so bequem, daß sie zum größten Teil nur noch gefahren werden wollten. Auf dem Lande wurde geplündert, die Straßen waren unsicher, und auch in den Städten machten sich die russischen Kommandanten nicht überall beliebt.

Aus dem anfänglichen Unwillen erwuchs Verbitterung.

Man erinnerte sich plötzlich des unglücklichen, vergessenen Königs. Dieser aber weilte fernab als Gefangener.

Noch im selben Jahr siedelte Friedrich August in das kleine Schloß Friedrichsfelde um, eine Meile von Berlin gelegen, samt 11 Mann preußischer Bewachung, die aus der sächsischen Hofküche beköstigt wurden. Auch als Gefangener führte der König sein geregeltes Leben fort, gab Audienzen, machte Spazierfahrten unter preußischer Begleitung. Wohl besprach er sich häufig mit Generalleutnant Zeschau, der dem König als Generaladjutant in die Gefangenschaft gefolgt war, auch empfing er des öfteren Generalmajor Watzdorf und schickte ihn nach Paris und London – Sachsens Schicksal indes, das sich auf dem in Wien tagenden Kongreß entscheiden sollte, konnte er kaum beeinflussen.

Im Februar 1815 schließlich reiste Friedrich August nach Preßburg, wo ihm zu Anfang des März Metternich, Talleyrand und Wellington die in Wien gemeinschaftlich verabredeten Artikel und Punkte vorlegten.

22. Februar 1815
In Sachsen hat die Nachricht von der Teilung des Landes eine Bestürzung hervorgerufen, die sich nur durch dumpfes Hinstarren äußert. Allerdings kann der Überrest, nachdem

mehr als drei Fünftel abgerissen sind, ohne Brotkorn, Salz und Holz nicht bestehen. Österreichs Eifersucht ist beschwichtigt durch den Strich der Oberlausitz, der sächsisch bleiben soll. Sind denn die Völker immer noch nur Gegenstände des Eigennutzes, die gleich einer Herde Vieh gegeneinander ausgetauscht und verkauft werden?

Der Gang der Verhandlungen des Kongresses in Wien ist bekannt genug. Rußland verlangte das Herzogtum Warschau, Preußen Sachsen als Entschädigung.

Man rechnete die Zahl der Seelen ab und zu.

Eine auf der Landkarte von Sachsen gezogene Linie bestimmte schließlich die Teilung dieses Landes.

Friedrich August zeigte sich empört.

Bis Mitte Mai 1815 zögerte er, die Verfügung der Kongreßmächte anzuerkennen. Diese erklärten ihm rundheraus, wenn er nicht binnen fünf Tagen unterzeichne, werde über den ihm noch gelassenen Teil Sachsens anderweitig verfügt.

Friedrich August unterschrieb.

Am 7. Juni zog er wieder in seine Residenz ein.

Diesmal jubelten die Sachsen.

Sie begrüßten den König mit weiß-grünen Fahnen, Ehrenjungfrauen trugen weiß-grüne Kleider, ganz Dresden prangte im Schmuck dieser Farben, die sich nun als die sächsischen Landesfarben einbürgerten.

Aber nicht aus Zufall, sondern – auf Befehl des Königs!

Und auch dieser Befehl hatte seine Ordnung: Als nach dem Wiener Frieden das sächsische Heer wieder selbständig wurde, befahl Friedrich August, das seit alters her übliche weiße Feldzeichen mit einem sehr sichtbaren grünen Rand zu versehen, um Verwechslungen mit anderen Truppen vorzubeugen. Ein helles leuchtendes Grün wurde im Gegensatz zu dem dunklen russischen Grün gewählt, war doch Grün die Farbe des sächsischen Ordens der Rautenkrone. Deutlich hob es sich vom Weiß-Blau der Bayern und dem Schwarz-Weiß der Preußen ab.

Es sprach für die im Lande herrschende Stimmung des Unmutes über die Zerreißung Sachsens, daß sich nicht nur die Armee, sondern das ganze verbliebene Sachsen die neuen Farben zu den eigenen machte.

Friedrich August zeigte sich gerührt über den weißgrünen Jubelempfang.

Wenige Tage später ordnete er an, die bei der Armee eingeführte neue Kokarde von weißer Farbe mit grüner Einfassung zur sächsischen Nationalkokarde zu erklären.

Noch ein bißchen Botanik

5. Mai 1822
Der erste Band der »Gemälde aus dem Zeitalter der Kreuzzüge« liegt nun vor. Vier Teile sollen es werden.

Es wurden tatsächlich ihrer vier, vor zwei Jahren erschien das letzte Buch.

Doch ich will dem Gang der Ereignisse nicht wieder vorgreifen. Obwohl es allzuviel nicht mehr zu erzählen gibt.

Nach seiner Rückkehr nach Dresden stellte mich der König wieder an. Nach wie vor war er mir zugetan. Ich erledigte noch einige diplomatische Aufträge. 1816 sandte er mich nach London, ins Hauptquartier Wellingtons.

Es war mein letzter wichtiger Dienst für den König.

Das viele Hin und Her hatte an meiner Gesundheit gezehrt, wohl auch an der Seele. Viele Jahre hatten wir zwischen Hoffnung und Enttäuschung gelebt.

Die Enttäuschung war geblieben.

Ich nahm meinen Abschied und zog mich nach Wurzen ins Privatleben zurück.

Den König sah ich nicht wieder.

Ich widmete mich nun ganz meinen wissenschaftlichen Neigungen. Und wie ich hörte, tat dies auch Friedrich August. Während ich mich mit dem Zeitalter der Kreuzzüge beschäftigte, vertiefte er sich ganz und gar in die Botanik.

Sein Leben ist bis zu seinem letzten Tage am 5. Mai 1827 nach eben den alten Regeln abgelaufen: Sommer wie Winter stand er um sechs Uhr früh auf, stets trug er Uniform, immer nach einer bestimmten Reihenfolge – die weiße Kavallerieuniform seines Leibregiments, die rote seiner Garde, dann die ebenfalls weiße der Linieninfanterie. Jeden Morgen ein kurzes Gebet, dann die Arbeiten der Regierungsgeschäfte. Zwischendurch Begrüßung durch Gemahlin und Tochter auf seinem Zimmer, dann gemeinsam in die Messe. Mittags eine Viertelstunde Schlummer, dann wieder Geschäfte. Und so ging es fort und fort bis zum Abend. Der Beginn des Sommeraufenthaltes in Pillnitz war jedes Jahr auf den Tag festgesetzt, es mochte vollkommener Winter sein oder nicht.

Immer war der König im Dienst. Ob Verbeugen, Entgegenkommen oder Begleiten – alles war nach Graden des Winkels und nach Schritten abgemessen.

Am 15. September 1818 feierte Friedrich August den 50. Jahrestag seiner Regierungsübernahme. Er verlegte die Feier auf den nächsten Sonntag. Unerträglich war es ihm, den gewohnten Geschäftsverkehr zu stören.

Er wünschte sich ein stilles, religiöses Fest. Doch ganz so still ging es nicht ab. Dafür sorgten die Leibkürassiergarde, die Bergknappschaft, die Jägerei, die Studenten.

Nur der Botanik rang der König stets einige Stunden ab, nach der Tafel von 3 bis 4 Uhr, im Sommer auch von 5 bis 7 Uhr. Er widmete sich dann teils der Untersuchung der in seinem Garten aufgeblühten oder ihm aus andern Gärten zugesandten Gewächse, teils den Arbeiten für sein Herbarium. Mitunter hatten es dem alternden König wohl auch die Insekten angetan.

Triumphbogen auf dem Leipziger Markt anläßlich des Regierungsjubiläums 1818.

FRIEDRICH AUGUST

König von Sachsen

geb.d. 23. Dec. 1750, gest. d. 5. Mai 1827.

So sammelte und sammelte er fort.

Besonders die Pflanzen der Gegend von Pillnitz sammelte und trocknete er mit eigener Hand. Nicht selten brachte er dergleichen von den Jagdpartien mit nach Hause. Marcolini konnte ihn nicht mehr tadeln. Längst unter der Erde war der Jugendfreund.

An seiner Regierung änderte Friedrich August indessen nichts.

Er regierte fort und fort.

Es blieb alles beim Alten.

Im letzten Winter, hörte ich, hatte der König große Freude über die Fertigstellung eines kritisch ausgearbeiteten alphabetischen Verzeichnisses der Abbildungen in der botanischen Bibliothek. Auch hatte er begonnen, fleißig sein Herbarium nach einem neuen System zu prüfen und zu ordnen.

Er nannte es sein Jugendherbarium.

Er stand in seinem 77. Jahr.

Die Zeit war längst über ihn hinweg.

Quellenverzeichnis

Brabant, A.: Weiß–Grün. Wie entstanden die sächsischen Landesfarben? In: Sächsischer Volkskalender 1936

Dietrich, E.: Friedrich August's des Gerechten, Königs von Sachsens 59jährige Regierung. – Meißen 1827

Engelhardt, K. A.: Das goldene Regierungs-Jubelfest Sr. Königlichen Majestät Friedrich August des Gerechten. – Dresden 1818

Flathe, T.: Geschichte des Kurstaates und Königreiches Sachsen, 3. Bd. – Gotha 1870

Friedrich August I. König von Sachsen im Exil. In: Geheime Geschichten und Räthselhafte Menschen/hrsg. von F. Bülau. – Leipzig 1851

Herrmann, A. L.: Friedrich August, König von Sachsen. Eine biographische Skizze. – Dresden 1827

Im Banne Napoleons. Aus den Erinnerungen des sächsischen Generalleutnants und Generaladjutanten des Königs Ferdinand von Funck/hrsg. von Artur Brabant. – Dresden 1928

In Rußland und in Sachsen 1812–1815. Aus den Erinnerungen des sächsischen Generalleutnants und Generaladjutanten des Königs Ferdinand von Funck/hrsg. von Artur Brabant. – Dresden 1930

Just, G.: Das Herzogtum Warschau von seinen Anfängen bis zum Kampf mit Österreich 1809. In:

Mitteilungen des k. u. k. Kriegsarchivs, 3. Folge, IV. Bd. – Wien 1906

Mende, A.: Trauerrede auf S. M. des Königs Friedrich August von Sachsen – Dresden 1827

Noch ist Polen nicht verloren. Aus den Tagebüchern des Athanasius Raczyński 1788 bis 1818/hrsg. von Joseph A. Graf Raczyński. – Berlin 1984

O-Byrn, F. A. Freiherr: Camillo Graf Marcolini, Königlich Sächsischer Cabinettsminister, Oberstallmeister und Kämmerer. – Dresden 1877

Poelitz, K. H. L.: Die Regierung Friedrich Augusts von Sachsen. – Leipzig 1830

Potocka, A.: Memoiren 1794–1820. – Leipzig 1899

Sachsen, J. G. Herzog zu: Die königliche Familie vom 22. August 1813 bis 24. Oktober 1815. In: Neues Archiv für sächsische Geschichte und Alterumskunde/hrsg. von Hubert Ermisch, Bd. 32. – Dresden 1911

Sachsen, J. G. Herzog zu: König Friedrich August der Gerechte vom 14. Dezember 1812 bis 7. Juni 1815. In: Neues Archiv für sächsische Geschichte und Altertumskunde/hrsg. von Hubert Ermisch, Bd. 40. – Dresden 1919

Weiße, C. E.: Geschichte Friedrich Augusts bis zum Posener Frieden. – Leipzig 1811

Willaume, J.: Frederyk August jako książę Warszawski (1807–1815). – Poznań 1939

Bildnachweis

Archiv der Autorin: 13, 25, 27, 41, 52
Das alte Dresden. Bilder und Dokumente aus zwei Jahrhunderten/
hrsg. von E. Haenel und E. Kalkschmidt, München 1925: 21, 59
Dresdner Bilderchronik. Zeitgenössische Darstellungen von Dresdner Begebenheiten aus vier Jahrhunderten/hrsg. von O. Richter, Dresden 1910: 66
Herrmann, A. L.: Friedrich August, König von Sachsen, Dresden 1827: 76
Im Banne Napoleons. Aus den Erinnerungen des sächsischen Generalleutnants und Generaladjutanten des Königs Ferdinand von Funck/hrsg. von A. Brabant, Dresden 1928: 16, 33
Kanne, W.: Festgebäude für den Feiertag des 50. Regierungsjahres des Königs von Sachsen im September 1818, o. O. 1818: 75
Sponsel, J. L.: Fürsten–Bildnisse aus dem Hause Wettin, Dresden 1906: 8
Sturmhoefel, K.: Illustrierte Geschichte des Albertinischen Sachsen, 1. Abt., Leipzig o. J.: 34